Josef Emanuel
STORCH

32 ETUDES

FOR STRING BASS

K 04452

32 ETÜDEN
für Kontrabaß

Teil I

J. E. Storch (1841-1877)

Allegro (Kräftiger langer Strich)

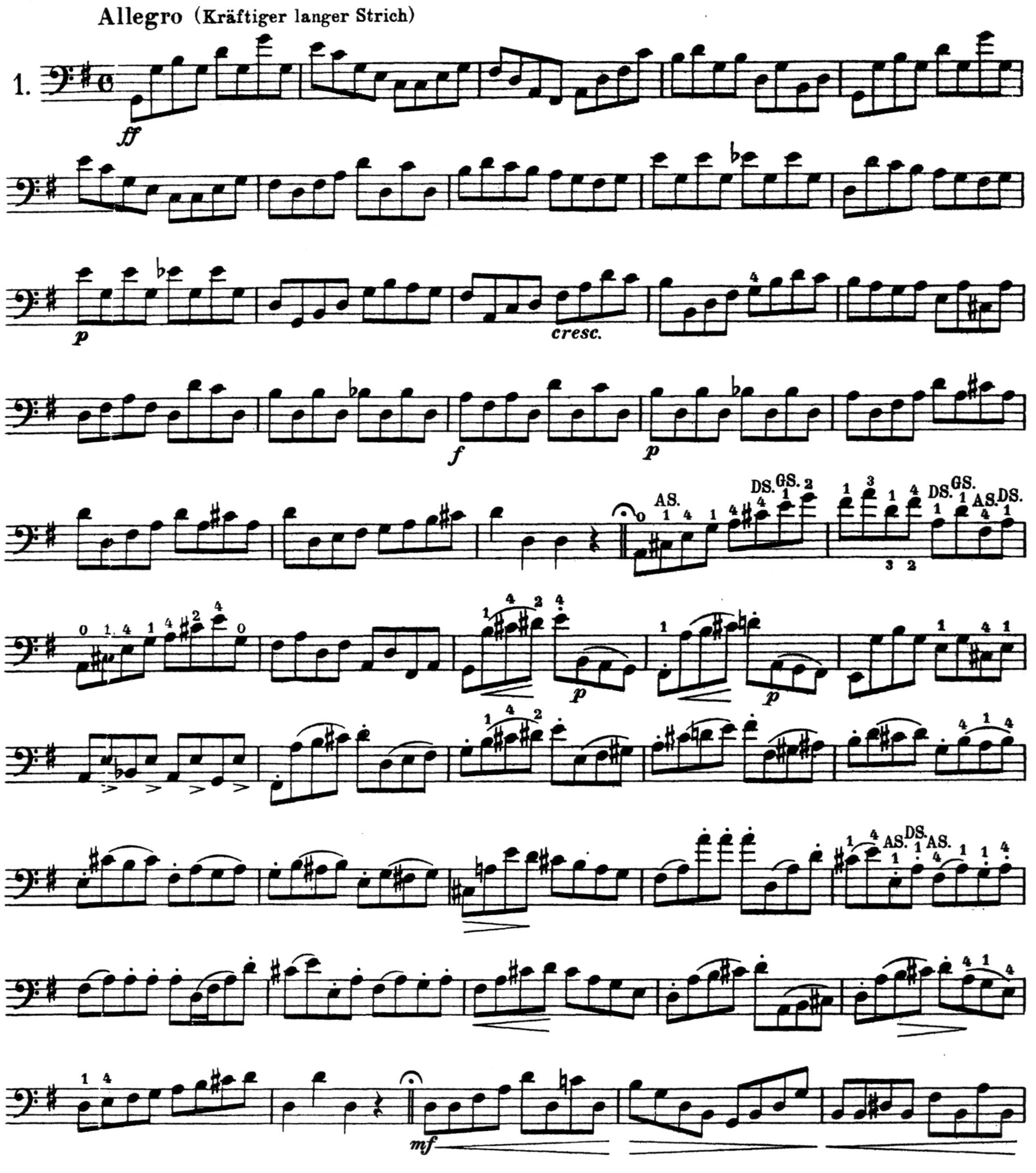

BELWIN MILLS PUBLISHING CORP.

cresc. - - - ff
AS. DS.
mosso
ES.
ff das 2. Mal pp
ES. AS. DS.
ff das 2. Mal pp
f
DS.
p
DS.
p
rit.

4
Adagio
2.
mf
AS.
4 1 4 4 1 4 2 1 1
V
GS.
2 4 1
DS.
4
p
1 4 2
4 2 1
GS.
2 4 1
DS.
2 1 4 1
p
1 1 4 2 4 1
p
AS.
4 1

mf espress.
Andante quasi Allegro (Elegante Bindungen)
3.
p

rit.
f

Adagio (Achtel)
4.
mf
rit.
cresc.
Allegro
f
AS.
2 1 2 1
DS.
2
4
DS.
4
2
DS.
4

Allegro

5.

*) Bei Saitenübergängen, wenn möglich, Finger liegen lassen!

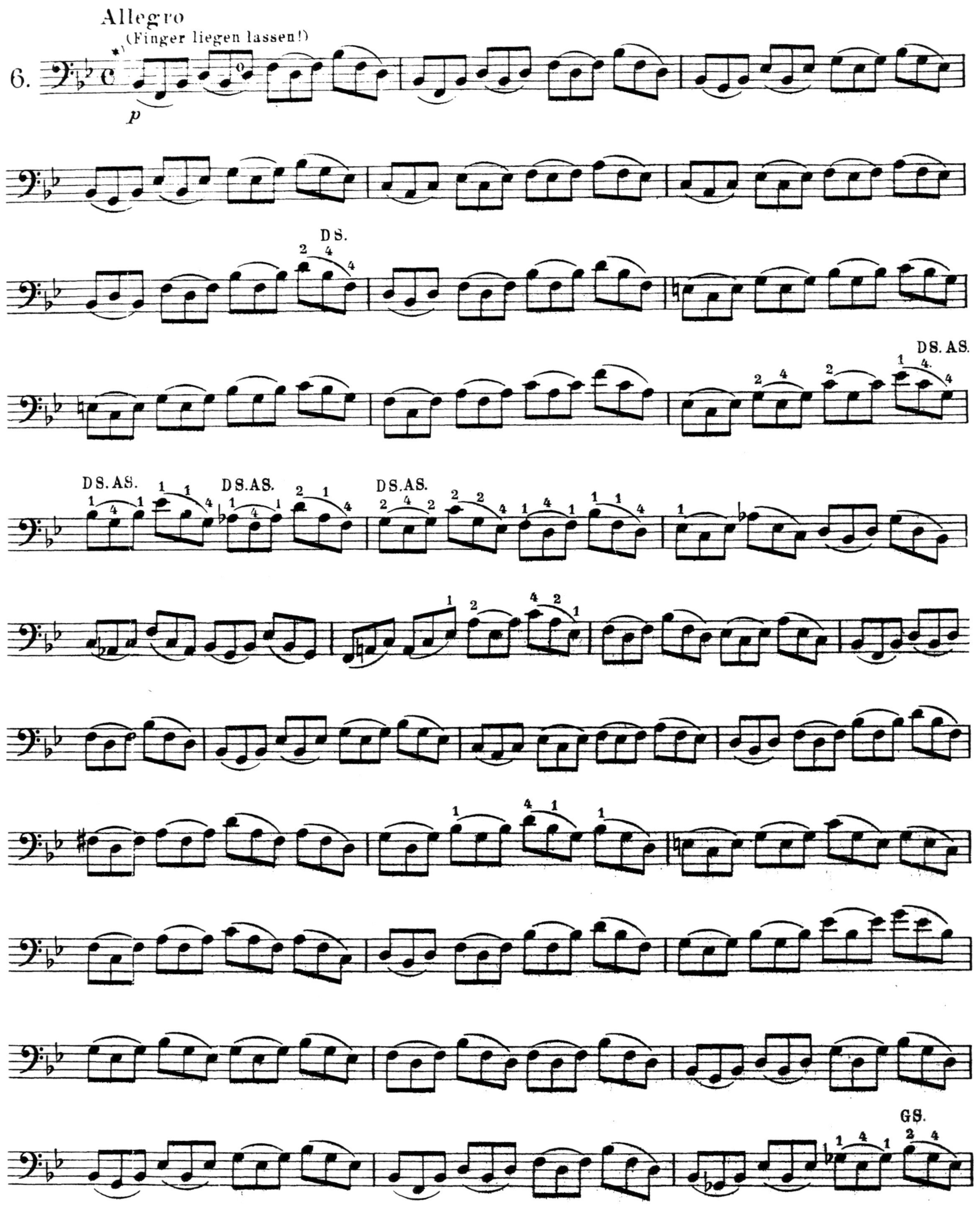

*) Saubere Bindungen ohne Zwischengeräusche spielen, auch mit zwei Triolen auf einem Bogenstrich üben!

*) Mit Springbogen und liegendem Bogen zu üben!

Allegro

8.

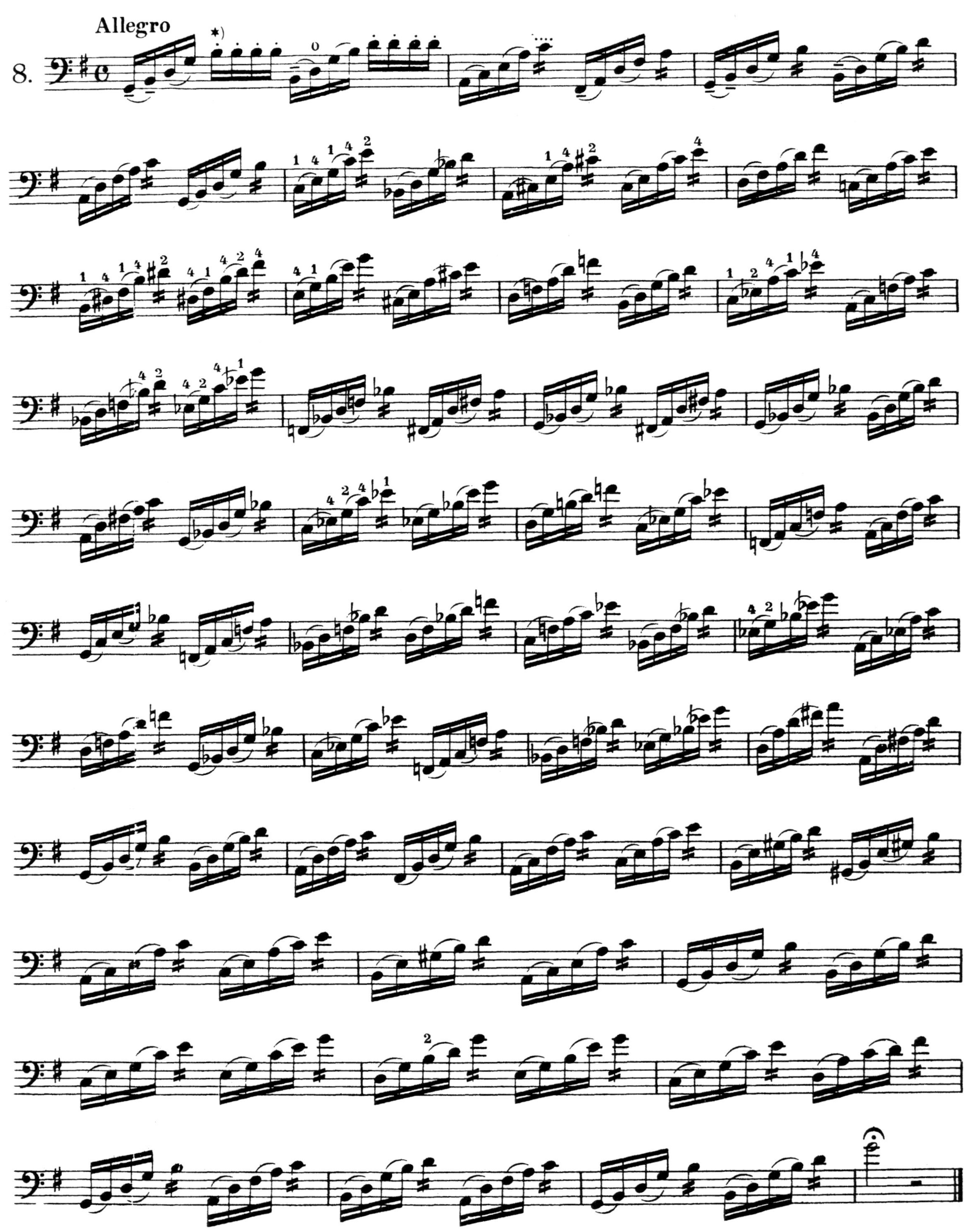

*) Die vier gestoßenen Noten auch mit Springbogen üben.

Allegro
Strichart a)
9.
ff
Strichart b)
AS.
Andante
10.
mf
DS.
AS.
DS.
oder 2 1 GS.
AS. DS.

Adagio (Achtel)
11.
f
Allegretto
f
rit.

DS.
DS.
DS.
DS.
DS.
AS.
DS.
Allegro (Spiccato)
12.
mp
AS.DS.
GS.

DS.
AS.
DS.3
AS.2
Allegro
13.
p
mf
p
3
3

GS.
DS.
AS.
DS.
DS.
p

Vivace (Nicht eilen)
14.

DS.
Adagio (Achtel)
15.
ff
p
ff
p
p
p

Moderato
16.
D S.
meno mosso
G S.
D S.
D S.

f spiccato
Allegro moderato (derb)
17.
ff
DS. GS. DS.

DS.
Andante
18.
p
AS.
6
DS. DS. 2 AS.
AS. DS. AS. AS. AS. DS.
tr
tr
tr

*) Viel Vibrato

ff
DS.
AS.
Andante (Achtel)
20.
mf
p
AS.
AS.
DS.
DS.
mf

Adagio (Achtel)
21.

Adagio (Achtel)
22.
p
f
DS.
DS.
GS.
DS.
DS.
DS.
DS.
DS.
DS.
attacca

Un poco più Allegro
p staccato (Springbogen)
DS.
p
f
DS.
p

23.
Andante
p
ablangen

Allegro assai

24.

*) Auch mit Springbogen zu üben!

cresc.
ff
p
cresc.
DS.
f
p
cresc.
f
p
p
Maestoso
25.
p
tr

cresc.
f
G.S.
mf
p
mf
f
attacca
Tempo di Valse (lustig)
mf
AS. DS.
DS.
DS.

Pastorale. Andante
26.
attacca

Allegro molto

27.
Moderato
DS.
Tempo giusto
AS.
DS.
attacca

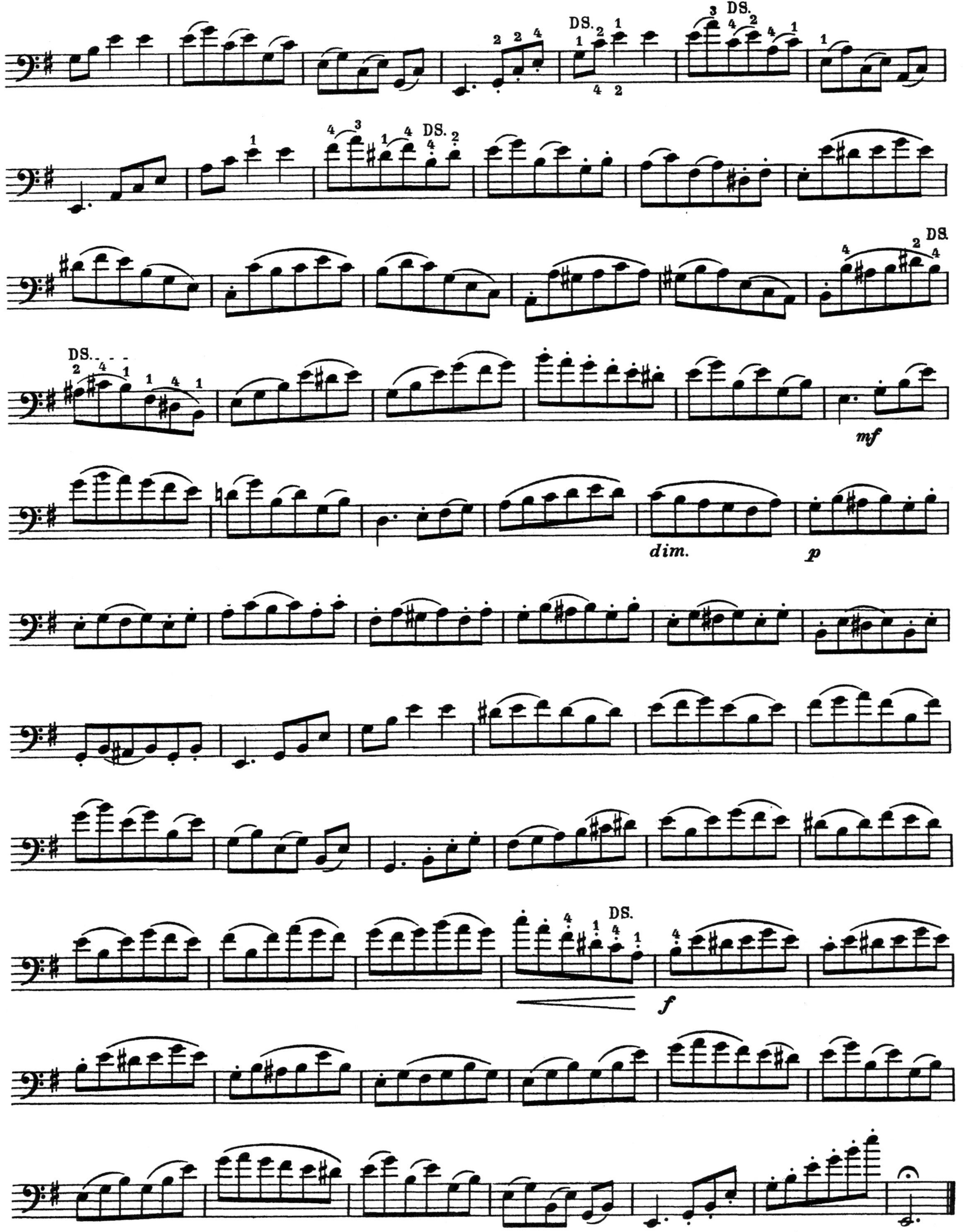
DS.
dim.
p
mf
f

Andante

28.

f
mf
p
pp
dolce ——————— p
f
mf

Più mosso

Più mosso
f
ff
Adagio (Viel Vibrato)
29.
p
p
p
ff fz
mf
p
DS.
dim.
p
attacca

Scherzando

Allegro
30.
DS.
ES. ES. AS.

Adagio (Zuerst in Achteln spielen)
31.
mf
6
6
6
AS.
AS.
DS.
f
3
3
3
3
mf

cresc.
f
DS.
DS.
DS.
AS.

Andante
32.
mf